TABLEAUX

ET

TAPISSERIES

RENOU ET MAULDE

IMPRIMEURS DE LA COMPAGNIE DES COMMISSAIRES-PRISEURS

Rue de Rivoli, 144

VENTE

AUX ENCHÈRES PUBLIQUES

DE

TABLEAUX

ET

TAPISSERIES

Le Lundi 14 Décembre 1868

A UNE HEURE

Rue Drouot, n° 5

HOTEL DES VENTES MOBILIÈRES

SALLE N° 8

Me HAYAUX DU TILLY,

Commissaire-Priseur à Paris, rue de Clichy, n. 2,

ET

Me CHARPENTIER,

Son Confrère, demeurant rue du Helder, n. 14

ASSISTÉS DE

M. DURAND-RUEL,

Expert, rue de la Paix, n. 1.

EXPOSITIONS

PARTICULIÈRE	PUBLIQUE
Le Samedi 12 Décembre 1868	Le Dimanche 13 Décembre 1868

DE MIDI A SIX HEURES.

PARIS — 1868

CONDITIONS DE LA VENTE

La vente sera faite expressément au comptant.

Les Adjudicataires paieront CINQ POUR CENT, en sus des enchères.

TABLEAUX

Vente le 14 Décembre 1868, Hôtel Drouot

Mes HAYAUX DU TILLY et CHARPENTIER,
Commissaires-Priseurs,
Assistés de M. DURAND-RUEL, Expert, rue de la Paix, 1.

Je me rends au désir d'un ami en écrivant cette notice, et j'avoue franchement que je ne regrette pas de lui rendre ce petit service ; il y a vraiment du plaisir, par ce temps d'œuvres surfaites ou bâclées, à recommander au public quelques bons tableaux. Je ne dis pas que si les trente-deux toiles et les dessins formant la collection dont je me propose de parler m'appartenaient, je les conserverais tous religieusement comme des chefs-d'œuvre ; mais il y en a au moins douze dont je ne me séparerais qu'avec regret. Et c'est qu'en effet, aujourd'hui, les tableaux sont devenus pour nous ce qu'étaient les livres pour nos pères, de véritables amis muets auxquels on s'attache, qu'on aime à retrouver chaque jour autour de soi. Les galeries, presque partout, ont remplacé les bibliothèques. Il n'y a lieu ni de se réjouir ni de s'affliger de cette évolution de la mode. Quelle que soit la forme de l'art qu'elle préconise ou qu'elle adopte, le goût public, — quand l'art est élevé, — ne perd rien à changer d'objet.

A tout seigneur tout honneur. Eugène Delacroix, tant méprisé jadis, mérite de tenir, ici comme partout, la première place. Son *Christ portant sa croix* n'est certainement pas une des plus importantes de ses nombreuses toiles. Elle est une de celles qui semblent le mieux faites pour rallier tous les suffrages des vrais amateurs. Quelle simplicité de composition ! Quelle harmonie de couleur !

Quelle profonde tristesse répandue sur ce coin de terre lugubrement éclairé par ce ciel rougeâtre, au-dessous duquel, seul, écrasé d'angoisse et de fatigue, le Christ se traîne péniblement, charriant cette énorme croix ! Comme tout ici est bien fait pour contribuer au poignant intérêt d'un sujet devenu vulgaire ! — L'art n'y est pas subordonné au sentiment comme dans les tableaux de Paul Delaroche ; au contraire, il l'élève et lui donne une valeur extraordinaire, le fixant dans la forme la plus magistrale, la plus heureusement trouvée pour le faire valoir.

Le *Crépuscule* de Daubigny est l'une des plus heureuses compositions de l'excellent paysagiste. Rien n'est trop accentué, mais rien, non plus, ne sent la confusion dans cette scène paisible qui reproduit d'une manière harmonieuse le calme des soirs. La lune, au croissant délié, mêle sa blanche lumière aux mourantes clartés du jour. Les arbres, immobiles, semblent assoupis dans leurs attitudes nonchalantes ; une femme qui rentre au logis, tirant sa vache après elle avec un geste sculptural, éveille dans l'esprit le souvenir des paysannes de François Milet. Qui, mieux que Daubigny, a trouvé le secret de faire jouer l'air dans les feuillages obscurcis de l'automne, d'exprimer la fraîcheur humide des soirs ? Le *Printemps*, adorable toile à laquelle il dut sa réputation, était tout embaumé de l'odeur des fleurs ; le *Crépuscule* est plein de mystère et de poétique rêverie. Heureux les peintres qui savent toujours dégager, et avec justesse, le sentiment particulier de chacune des grandes scènes de la nature.

Les *Bords de l'Oise*, du même maître, sont une bonne étude. Le ciel surtout est d'une finesse qui mérite d'être citée.

La *Neige* de Courbet ne vaut peut-être pas le *Chevreuil blessé* qui fut tant remarqué à l'une de nos dernières expositions. Tel qu'il est, cependant, ce tableau se distingue par de solides qualités. La vieille femme chargée d'un fagot, la chèvre qui tire sur son licou, l'enfant portant une miche entre ses bras, tous les trois défilant sur le même plan, ont je ne sais quelle ingénuité bien en situation dans une scène agreste. Le ciel lourd pèse sur les toits couverts de neige, quelques minces arbustes saupoudrés de givre se dressent çà et là, la terre a disparu sous une couche épaisse d'un blanc uniforme. C'est bien là l'hiver âpre et rude, la sévère saison où tout repose dans l'immobilité et dans le froid.

Les *Sœurs de charité* de Mme Henriette Brown ont obtenu un tel succès à l'Exposition de 1859, qu'une réduction de cette toile s'est vendue à Londres 30,000 francs. Les amateurs qui recherchent la peinture de sentiment sont tous d'accord sur la portée de cette œuvre poignante. Les mères ne peuvent la regarder sans se sentir prêtes à pleurer. Et, en effet, lorsque l'artiste semble s'être donné pour mission de toucher le cœur de la foule, il est toujours certain d'atteindre son but en exprimant les sentiments simples que chacun a pu éprouver. Quoi de plus saisissant qu'un pauvre enfant malade, à demi évanoui entre les bras d'une étrangère ? La chose serait moins pénible à voir s'il reposait sur le sein de sa mère. La douleur même que ne pourrait manquer d'exprimer le visage de cette dernière, partageant en deux l'intérêt, le rendrait moins vif. Mais cette Sœur de charité qui ne connaît que par l'instinct les joies et les angoisses de la maternité, avec son visage calme, à peine attendri, laisse la sympathie du spectateur tout entière à l'enfant, sujet principal, et cette idée si simple— une véritable trouvaille — ajoute considérablement au dramatique de la scène. De même, la *Jane Grey* de Paul Delaroche, par ce seul fait qu'elle avait les yeux bandés et qu'elle cherchait des mains la place du billot où devait être tranchée sa tête, s'insinuait dans tous les cœurs.

L'*Embuscade* de Fromentin se recommande par des qualités différentes. C'est bien là l'œuvre spirituelle — on pourrait dire littéraire — de l'auteur d'*Une année dans le Sahel* et d'*Un été dans le Sahara*. Quelques Arabes aux têtes fines et expressives sont embusqués au-dessus d'une gorge de la Kabylie, guettant une colonne française qu'on ne voit pas. Cette gorge est franchement bleue, les monts sont aussi violets que possible, et j'en suis d'autant plus content pour l'artiste, qu'en les reproduisant ainsi, il n'a fait que se conformer à la plus stricte vérité. Il faut avoir franchi la Méditerranée pour savoir quelles variétés de couleur la nature a su prodiguer aux ravines et aux montagnes. Delacroix, si violent parfois, n'atteint jamais à la furie de tons que plaque le soleil d'Orient sur les arêtes de l'Atlas. La hardiesse de Fromentin est des plus heureuses. Son *Embuscade* est un tableau charmant.

Les deux toiles de Jules Dupré, également belles, sont aussi différentes l'une de l'autre que pourraient l'être deux compositions qui ne seraient pas sorties du pinceau d'un même maître, mais se recommanderaient par des qualités d'égale valeur. Le *Soleil couchant*, large composition, d'une coloration splendide, est tout empreint de la majesté des ardentes soirées de l'été. Sur la gauche, un vieux chêne tord ses longs bras noueux auprès d'une mare ; les fonds du paysage s'en vont, par des dégradations de teintes successives, se perdre à l'horizon tout embrasé de chaudes vapeurs ; au milieu de la toile, le soleil rutilant s'épanouit parmi les nuages paisibles qu'il colore des nuances les plus vives de 'opale et de l'améthyste. Voilà tout. Mais on s'y sent vivre, on a le sentiment d'une chose profondément sentie. Il n'est malheureusement pas donné à tous les artistes d'exprimer, — même quand ils sont possédés de l'amour de la nature, même quand ils ont l'intelligence de l'art et qu'ils sont doués, comme Jules Dupré, de la dextérité de brosse la plus consommée, — l'inénarrable idée de grandeur et de paix qui se dégage de certaines scènes. Non-seulement, pour obtenir ce résultat si vainement cherché, on doit être un maître; il faut, de plus, une heure d'inspiration heureuse, une de ces heures qui ne sonnent souvent qu'une fois dans la vie d'un peintre, pendant laquelle un bon génie conduit le pinceau.

Mais que dire des *Environs de l'île Adam?* Est-bien la même main qui, pour se délasser des ardeurs du *Soleil couchant*, a brossé cette toile si verte et si fraîche ? Voilà, certes, une étude faite sur le vif de la nature. Tout y est, jusqu'à l'humidité qui s'exhale de la terre mouillée sous les herbes. On aspire, en la regardant, la salubre odeur des écorces, on croit voir la buée qui s'échappe des gras pâturages, et l'on est envahi par quelque chose de calme et de charmant. Quelle audace faut-il avoir, à cette époque de raillerie facile, où la plaisanterie du plus mauvais goût suffit parfois pour déconsidérer une belle œuvre, où le public ne demande qu'à « ne pas admirer » pour peindre avec cette franchise et cette bonhomie le vert des bois et des prairies, et dans sa couleur naturelle ! On a tant et si bien abusé de la comparaison des plats d'épinards, que les artistes, pendant fort longtemps, n'ont osé représenter la campagne que rissolée par les feux de l'été ou empourprée par les premiers froids de l'automne, et cette triomphante idée nous a valu je ne sais quels amas d'arbres roux, de broussailles ensoleillées, de terrains cuits au four, de gazons desséchés. La verdure seule, cette riante verdure, qui s'étale partout autour de nous depuis le mois de mars jusqu'à celui de juin, était rigoureusement exclue de la peinture. Dieu merci, aujourd'hui on semble revenir à des idées plus justes et plus saines. On reconnaît enfin que le vert a le droit d'exister sur la toile, puisqu'on le rencontre partout dans les champs, et si quelque malavisé reprenait la comparaison que je citais tout à l'heure pour déprécier l'œuvre d'un maître, on ne lui répondrait qu'en haussant les épaules, car cette sotte plaisanterie est démodée.

Remarquons en passant une belle *Platée de fruits* de Saint-Jean ; deux Diaz : *Vénus et Adonis,* — *Nymphe et Amour,* tels que le chaud coloriste sait les faire ; une agréable étude de Pils ; un *Episode du sac de Rome,* par Robert Fleury, dont la place est marquée d'avance au musée de Versailles ; et terminons cette notice par l'examen des deux plus beaux tableaux de cette charmante collection d'amateurs, qui va se disperser au hasard des enchères. Tous deux sont de Théodore Rousseau.

L'*Entrée de la forêt* est une toile de très-grande tournure, telle que le premier paysagiste du xix⁰ siècle savait en faire dans ses meilleurs jours. Une lisière de bois conduit au plus auguste massif de vieux arbres qui se puisse voir. Tout est recueilli, tout est grave dans cette composition d'un ton superbe, d'où se dégage je ne sais quoi de religieux. Presque seul de nos jours, Théodore Rousseau a trouvé le secret de faire jaillir avec une vérité absolue de vigoureuses poussées d'ormes et de bouleaux des amas de roches moussues, de planter un grand chêne, dix fois centenaire, avec ses dômes de feuillage, l'inextricable réseau de son branchage et son tronc aux fissures béantes sous le soleil ; d'entasser les larges assises des montagnes les unes sur les autres ; de faire courir les nuages dans l'azur des cieux. Il se tirait de difficultés inouïes pour quiconque a jamais regardé la nature en face et formé le dessein de reproduire ses beautés avec la sereine tranquillité de l'artiste, aussi sûr de sa puissance que de sa conscience. C'est ainsi qu'on l'a vu vingt fois, comme dans l'*Entrée de la forêt,* plaquer feuillages sur feuillages, sans laisser pénétrer dans leurs interstices la plus faible parcelle de ciel et de soleil, et trouver cependant le moyen de faire circuler dans l'épaisseur de ces verts fouillis l'air et la lumière. Rousseau fut un grand peintre, non-seulement parce qu'il avait un sentiment très-vif et très exact de la nature, mais parce qu'il ne l'*arrangeait* jamais. Ce n'est pas lui qui se

serait avisé de chercher des *effets* dans une ruine pittores-
quement placée, se mirant du haut d'un rocher dans le
cristal d'un lac et faisant naître dans l'âme du spectateur
une banale pensée philosophique. Un groupe d'arbres
poussant tranquillement sous le ciel bleu, parmi les
roches, lui suffisait. Mais comme il comprenait les arbres
et les roches ! Et comme on conçoit aujourd'hui qu'il ait
été systématiquement refusé aux expositions pendant
quinze ans par les hommes graves, épris du genre noble.
Son *Entrée de forêt*, si calme, on pourrait dire si antique,
l'une des plus belles pages du grand artiste, vers 1840,
aurait fait hurler ces messieurs.

J'ai gardé pour la fin l'*Automne*, qui me semble un
tableau hors ligne. Je me trompe peut-être, — c'est alors
de très-bonne foi, — mais je ne trouve guère dans mes
souvenirs, même dans l'œuvre des plus grands maîtres.
de paysage plus grandiose et plus largement peint que
celui-ci. Si Rousseau était mort depuis cinquante ans, —
je n'en fais pas le plus faible doute, — cette toile si sobre
et si saisissante dépasserait en vente publique les prix
attribués dans ces derniers temps aux plus beaux tableaux
d'Hobbéma. Je la trouve très-supérieure, — il m'importe
peu de choquer les adorateurs de fétiches, — à tous les
Hobbéma du monde, et si j'étais assez heureux pour
qu'elle m'appartînt, elle ne sortirait jamais de chez moi
Ce ciel blanc, pommelé de gris, qui monte lentement der-
rière cette pente de terrain, me paraît une chose absolu-
ment belle, et je serais tenté de dire que je plains les per-
sonnes qui ne partageraient pas mon opinion. Rousseau le
savait bien que ce tableau, objet de sa prédilection secrète
n'était pas une œuvre ordinaire. C'était vers 1848 qu'il
l'avait peint, et il ne consentit à s'en défaire que dans la
dernière année de sa vie. Quelquefois il disait qu'il le retou-
cherait. Et il n'osait jamais s'y remettre. Il ne se sentait
plus la main assez légère. Je pense qu'il est **fort heureux**

qu'il l'ait laissé dans sa forme primitive. De telles œuvres ne peuvent s'exécuter que de prime-saut et sous l'effort d'une pensée particulière. On n'y peut revenir que pour les gâter.

Indépendamment des tableaux, *huit magnifiques Panneaux en tapisserie de Beauvais* seront vivement disputés aux enchères.

Ces Tapisseries, remarquables par la richesse de leur composition et leur belle conservation, ont été fabriquées de 1684 à 1704. Pendant cette période, Béhagle, l'un des plus habiles tapissiers de son époque, étant tout à la fois *Directeur-Entrepreneur* et *Ouvrier*, a su élever les travaux de la manufacture de Beauvais à un degré de perfection qui les faisait rivaliser avec ceux des Gobelins.

Vernansal, peintre, a fourni les cartons de ces tapisseries, et Béhagle s'est surpassé lui-même en les exécutant. Aussi, sa signature leur a-t-elle donné leurs lettres de noblesse.

On est trop généralement porté, de nos jours, à attribuer indistinctement aux Gobelins toutes les belles tapisseries des xviie et xviiie siècles. Beauvais valait les Gobelins. C'est faire un acte de justice que de le reconnaître.

Ernest Feydeau.

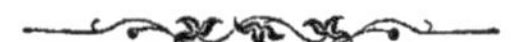

TABLEAUX

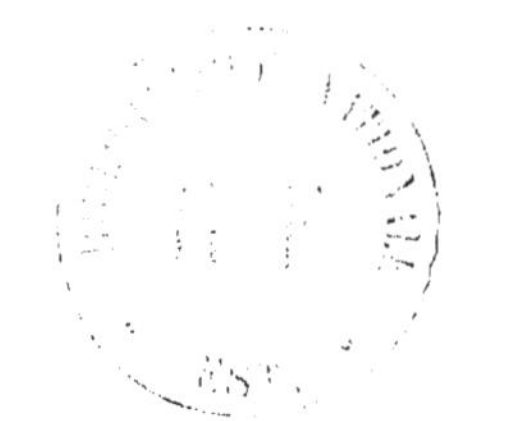

TABLEAUX

BROWN (Henriette)

33,000.   1 — Les Sœurs de Charité.   *Gambart.*

H. 1 m. 67 c. L. 1 m. 30 c.

CABAT

410.   2 — L'Ange et Tobie.

H. 1 m. L. 1 m. 37 c.

COURBET

2,020.   3 — La Neige. *femme dont l'enfant avec deux chèvres. Hamon.*

H. 85 c. L. 1 m. 26 c.

DAUBIGNY

3,750.   4 — Crépuscule.   *Bouvet*

H. 85 c. L. 1 m. 50 c.

DAUBIGNY

5 — Bords de l'Oise.

H. 37 c. L. 86 c.

DELACROIX (Eug.)

6 — Le Christ portant sa Croix.

H. 40 c. L. 47 c.

DIAZ

7 — Vénus et Adonis.

H. 46 c. L. 65 c.

DIAZ

8 — Nymphe et Amour.

H. 73 c. L. 52 c.

DROUAIS

9 — Portrait d'Homme.

H. 92 c. L. 75 c.

DUPRÉ (JULES).

Mame.

9.800. 10 — Soleil couchant.

H. 70 c. L. 1 m. c.

DUPRÉ (JULES)

Doré.

3.900. 11 — Environs de l'Ile-Adam.

H. 48 c. L. 58 c.

FROMENTIN

Renouard.

5.600. 12 — L'Embuscade.

H. 66 c. L. 45 c.

MOUCHOT

2.600. 13 — La Sortie de la Mosquée.

(Exposition de 1867).

H. 120 c. L. 95 c.

OBERMAN

165. 14 — La Halte.

H. 38 c. L. 32.

PILS

590.

15 — Tirailleurs.

H. 27 c. L. 45 c.

PUJOL (Abel de)

220.

16 — Deux Grisailles — l'Europe et l'Asie.

H. 95 c. L. 1 m. 27 c.

ROBERT-FLEURY

6.000.

17 — Épisode du sac de Rome par les troupes du Conné-
table de Bourbon.

H. 98 c. L. 1 32 c.

ROUSSEAU (Th.)

10.000.

18 — L'Automne.

H. 66 L. 1 m. 03 c.

ROUSSEAU (Th.)

10.000.

19 — Forêt de Fontainebleau.

H. 66 c. L. 1 m. 03 c.

(Exposition universelle de 1855.)

SAINT-JEAN

970. 20 — Fruits.

H. 27 c. L. 35 c

ZIEM

2.800. 21 — Venise.

Petit

H. 54 c. L. 80 c.

TABLEAUX DIVERS

22 — Scène pastorale.

H. 72 c. L. 85 c.

23 — Mars et Vénus.

H. 55 c. L. 74 c.

25 — Marché hollandais, au bord d'un canal.

H. 74 c. L. 86 c.

26 — Paysage avec Personnages.

27 — La partie de Cartes.

28 — Saint André.

29 — Saint Mathieu.

30 — La Vierge et l'Enfant.

H. 92 c. L. 71 c.

31 — Intérieur.

32 — Fruits.

DESSINS & AQUARELLES

BARYE

1 — Lion dévorant sa proie.

Aquarelle.

H. 27 c. L. 37 c.

BIDA

2 — Judas devant les Princes des Prêtres.

Dessin.

H. 20 c. L. 28 c.

BONHEUR (Rosa)

3 — Bœufs au repos.

Dessin.

H. 57 c. L. 84 c.

HEBERT

4 — Les Cervarolles.

Dessin.

INGRES

470.

6 — Don Pedro de Tolède, baisant l'épée d'Henri IV.

Sépia.

H. 28 c. L. 20 c.

Lays.

ROUSSEAU (Th.)

590.

6 — Le Four Communal.

Aquarelle.

H. 15 c. L. 25 c.

TAPISSERIES

HUIT MAGNIFIQUES PANNEAUX
EN TAPISSERIE DE BEAUVAIS

Ces Tapisseries ont été fabriquées de 1684 à 1704.
Pendant cette période, Behagle, l'un des plus habiles
tapissiers de son époque, étant à la fois *Directeur-Entrepreneur et ouvrier*, a su élever les travaux de la Manufacture de Beauvais à un degré de perfect'on qui les faisait
rivaliser et même confondre avec ceux des Gobelins.

Depuis Behagle, c'est-à-dire depuis 1704, la Manufacture
de Beauvais n'a plus produit qu'un très-petit nombre de
sujets à personnages et de grandes compositions ; et
encore étaient-ils loin de la perfection que Behagle à su
donner à ses travaux.

Ces Tapisseries, connues sous le nom de *Tenture
chinoise*, ont été fabriquées avec un grand luxe de ma-
tières, laines, soies et rehauts d'or.

Elle sont remarquables par la richesse de leur composition et leur belle conservation.

VERNANSAL, peintre.
BEHAGLE, tapissier.

H. 3 m. 25 c.

Grande Tapisserie de Flandre, d'après un tableau de
Teniers.

H. 3 m. 20 c. L. 4 m.

MARBRE

Hercule, Bacchus et l'Amour.

Beau Groupe en marbre blanc, par Busciolano.

H. 80 c.

OBJETS DIVERS ANCIENS

Faune et Femme dansant. Terre cuite de CLODION.

Deux Flambeaux girandoles Louis XV, en argent.

Pendule Louis XVI.

Deux Chenets Louis XVI.

RENOU et MAULDE, Imprimeurs de la Compagnie des Commissaires-Priseurs, rue de Rivoli, 144, 1865

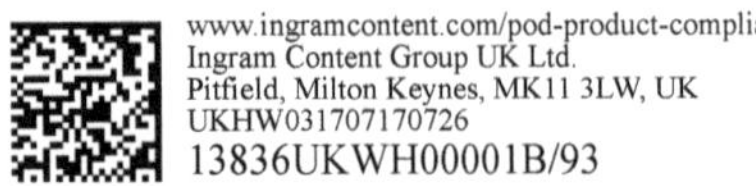
www.ingramcontent.com/pod-product-compliance
Ingram Content Group UK Ltd.
Pitfield, Milton Keynes, MK11 3LW, UK
UKHW031707170726
13836UKWH00001B/93